THÈSE

DE

LICENCE.

ACTE PUBLIC

POUR

LA LICENCE

En exécution de l'Article 4, Titre 2, de la Loi du 22 Ventôse an XII.

SOUTENU

Par M. CORNE (Félix-Pierre),

Né à Francescas (Lot-et-Garonne).

TOULOUSE,

Typographie Troyes OUVRIERS RÉUNIS,
Rue Saint-Pantaléon, 5.

—

1858.

A MON PÈRE. — A MA MÈRE.

RECONNAISSACE ETERNELLE

A TOUS CEUX QUI M'AIMENT.

Jus Romanum.

***

De litterarum obligatione. - De non numeratâ pecuniâ.

I̲n̲s̲t̲. J̲u̲s̲t̲. L̲i̲b̲. III T̲i̲t̲. XXI. — C̲o̲d̲i̲c̲e̲ L̲i̲b̲. IV. T̲i̲t̲. XXX.

Obligatio est juris vinculum quo necessitate adstringimur alicujus rei solvendæ secundum nostræ civitatis jura (Inst. Just. Lib. III).

Obligationes aut ex contractu nascuntur, aut ex maleficio.

Inter quas ex contractu, aut re, aut verbis, aut consensu contrahun-tur, aut *litteris*.

Respicienda est duplici sub aspectu hæc postrema obligatio. Primùm, quid fuerit priscum jus, deindè quid' sit litterarum obligatio et præsertim non numeratæ pecuniæ exceptio secundum jus Institutionum et Codicis exponemus ; namque in Digesto nullus reperitur titulus qui ad litterarum obligationes pertineat.

CAPUT PRIMUM.

Priscum jus.

Moribus erat constitutum apud Romanos, ut quisque quotidiè in Tabulis, et sibi, et aliis à semetipsis debita, accepta expensaque scriberet.

Tabulæ illæ, Codices nomine, diligentissimâ curâ scribebantur; nam solebant patresfamilias, antequàm in illis scriberent, expensa et accepta *adversariis* committere. Magna est idcircò differentia inter Tabulas et adversaria; nam, cùm adversaria apud judices pro testimonio non admitterentur, solæ valebant illæ tabulæ

Paterfamilias, in Tabulis creditum scribens, *nomen* faciebat; nàm inscriptio crediti propriè nomen vocabatur; et deindè, latiore nominis interpretatione, omnia credita *nomina* appellata fuerunt. Causâ mutui inscriptiones factæ, *arcaria nomina* appellabantur. Propriè arcaria nomina quædam erant scripta quæ argenti loco in arcâ deponebantur, ut ecce: tibi do centum nummos ex meâ arcâ exhaustos, quorum in loco tuum depono scriptum, quo mihi debere hos nummos agnovisti. Arcaria nomina nullam per se efficere obligationem, sed obligationis factæ testimonium præbere videbantur.

Sic, inscriptio in Tabulis a patrefamilias facta, de eo quod alicui dedit, non obligationem constituit. In quo igitur apud antiquos litterarum obligatio versabatur? — Quum alter, cum altero ad pactionem conveniens, hic pecuniam expensam latam habet, ille acceptam relatam, quum hujus facti inscriptio et in Tabulis creditoris, et in Tabulis debitoris exstat, ex hâc inscriptione nascitur litterarum obligatio quæ *expensilatio* per excellentiam vocabatur. Igitur non pactione obligatio paritur, sed inscriptione accepti et expensi. Quemadmodùm in stipulationibus duarum personarum verba erant necessaria, ità in litterarum obligationibus et in Tabulis creditoris, et in Tabulis debitoris requirebatur inscriptio.

Quibus autem modis fiebant *nomina transcripticia* vel nominum obligationes? Nomen transcripticium duplici modo fiebat, ut ait Gaius: vel a re in personam, vel a personâ in personam. *A re in personam* transcriptio fit, veluti si id quod ex emptionis causâ, aut conductionis, aut societatis mihi debeas, id expensum tibi tulero. — *A personâ in personam* transcriptio fit, veluti si id quod mihi Titius debet, tibi id expensum tulero, id est, si Titius te delegaverit mihi (Gaius Com. 3, § 128, 129,

130.) Transcripticiis vèro nominibus an obligentur peregrini meritò quæritur? — Erat inter Proculeios et Sabinios controversia, alii existimabant peregrinos non obligari, quia quodammodo juris civilis erat talis obligatio ; Sabinii, contrà, censebant, si a re in personam fiat nomen transcripticium, etiam peregrinos obligari ; si verò a personâ in personam, non obligari. Prætereà litterarum obligatio fieri videtur chirographis et syngraphis, id est, si quis debere aut daturum se scribat, ita scilicet, si eo nomine stipulatio non fiat ; — quod genus obligationis proprium peregrinorum erat (Gaius Com. 3, § 134-134.)

Creditori competebat condictio contrà eum qui scripserat ; sed quia iniquùm esset eum condemnari cui pecunia non esset numerata, placebat per exceptionem doli mali debitorem defendi posse. (Gaius Com. IV, § 116).

CAPUT SECUNDUM.

Jus novum.

Justiniano imperatore, quamvis expensilatio per excellentiam facta sit, non fit obligatio ; sed ad probationem tantum pertinet. Si quis tamen debere se scripserit ex mutuo quod sibi numeratum non est, videtur obligari nisi intrà statutum tempus exceptionem pecuniæ non numeratæ proposuerit. Cujus exceptionis auxilio debitor tenebatur in tantum ut creditori incumberet necessitas probandi se pecuniam numeravisse.

Tempus intra quod hujus rei actio deferri dedebat, constitutum fuit. In principio, usque ad quinquennium patebat. Justinianus autem intra biennium coercuit, ne creditores diutiùs possint suis pecuniis defraudari.

Post biennium autem exceptio valebat ; sed, ex jure communi, probationis onus excipienti incumbebat ; nàm excipiendo reus fit actor. Non præsumitur enim qui se debitorem scripserit adeò fuisse negligentem, ut intrà biennium non repeterit chirographum , si pecunia ei non fuisset numerata. — Quapropter , quamdiù pecuniæ non numeratæ opponi potest exceptio , tamdiù non valet litterarum obligatio. — Sed , ut diximus , post biennium scriptura obligat , et ex eâ nascitur condictio.

Si intrà legibus definitum tempus , qui cautionem exposuit, nulla querimonia usus, defunctus est ; residuum tempus ejus hæres habuit tam adversùs creditorem , quam adversùs ejus hæredem. Sin autem questus est , exceptio pecuniæ non numeratæ hæredi perpetuò competit. (L. VIII. Cod.)

Cessat autem exceptio non numeratæ pecuniæ : — 1º Cùm fidem cautionis agnoscens , solutionem portionis debiti vel usurarum fecerit ; — 2º si transactionis causâ dare Palladio pecuniam stipulanti spopondisti, et pluribus aliis modis.

Non solùm excipiendo , sed etiam agendo querela illa competit. Undè fit ut , si creditor ultrà biennium differat agere , debitor chirographum repetere possit.

POSITIONES.

Possit-ne inter absentes obligatio litterarum nasci ? — Sinè dubio.

Si cui non numeratæ pecuniæ competit exceptio tali auxilio uti nollit , nùm creditores eam opponere possunt ? — Certè.

Tam mandatori , quam fidejussori , exemplo rei principalis competat ne non numeratæ pecuniæ exceptio ? — Competit. (L. 12. Codice).

Code Napoléon.

Des contrats.

(Art. 1101 à 1167.)

Dispositions préliminaires.

Il y a convention, dans l'acception la plus générale du mot, toutes les fois qu'il y a accord de deux ou plusieurs volontés sur un même point, *duorum vel plurium in idem placitum consensus.*

Lorsque ces deux volontés se réunissent dans l'intention de contracter un engagement sérieux, la raison et l'équité nous disent assez que de là naît pour celui qui a promis, l'obligation d'accomplir sa promesse et pour celui qui l'a reçue, le droit d'en demander l'exécution.

Mais ce devoir et ce droit, nés de la convention, seraient trop souvent illusoires, s'ils n'avaient d'autre consécration que celle de la loi morale, ou d'autres garanties contre l'inconstance et la mauvaise foi, que la puissance individuelle des intéressés. La loi a donc nécessairement dû, pour veiller aux intérêts de tous, protéger les conventions et en garantir l'accomplissement. Dès-lors l'obligation morale qui découlait de tout contrat devint un lien de droit, et on put, en cas de besoin, invoquer pour en obtenir l'accomplissement, tous les moyens de coërcition par lesquels la société assure l'exécution de ses lois.

Toutefois le législateur n'a pas accordé cette sanction à tous les contrats ; il faut qu'ils réunissent certaines conditions, justement exigées tant dans l'intérêt général de la société, que dans l'intérêt particulier des contractants.

Avant d'énumérer les conditions nécessaires pour que la convention obtienne la protection de la loi et produise une obligation civile, nous devons exposer la division générale des contrats, telle que le Code nous l'a donnée.

Le contrat est *synallagmatique* ou *bilatéral* lorsque les contractants s'obligent réciproquement les uns envers les autres. — *Unilatéral*, lorsqu'une personne est engagée envers une autre sans que de la part de celle-ci il y ait d'engagement.

Si l'un des contractants s'est engagé à conférer à l'autre un avantage purement gratuit, le contrat est de *bienfaisance* ou *à titre gratuit* ; s'il n'a promis cet avantage qu'à la condition d'en recevoir un autre en retour, le contrat est alors *à titre onéreux*.

Lorsque chacune des parties s'oblige à donner ou à faire quelque chose en échange de ce qu'on lui donne ou de ce qu'on fait pour elle, le contrat est *commutatif* ; tout contrat à titre onéreux est donc nécessairement commutatif et réciproquement.

Lorsque l'équivalent promis en échange de ce qu'on reçoit consiste dans une chance de gain ou de perte qui dépend d'un événement futur et incertain, le contrat est dit *aléatoire*.

Nous pourrions encore citer les contrats consensuels, solennels et non-solennels ; mais (art. 1107), soit que les contrats aient une dénomination propre, soient qu'ils n'en aient pas, ils sont tous soumis pour leur validité et leurs effets aux mêmes règles générales. La loi, il est vrai, a cru devoir y déroger dans certains cas ; mais ces exceptions sont par elle formellement exprimées.

CHAPITRE PREMIER.

Conventions essentielles pour la validité des conventions.

Elles sont au nombre de quatre : 1° consentement de la partie qui s'oblige ; 2° sa capacité de contracter ; 3° un objet certain ; 4° une cause licite.

Mais ces quatre conditions présentées comme étant essentielles à la validité du contrat, ne le sont pas toutes de la même manière et avec la même force ; l'absence absolue de consentement, le défaut d'objet ou de cause rendent le contrat *nul* ; le défaut de capacité le rend *annulable* seulement.

SECTION PREMIÈRE.

Du consentement.

Le consentement, pour devenir civilement obligatoire, doit être exempt de *vices*, c'est-à-dire qu'il doit être la manifestation libre et éclairée de la volonté des parties.

Ces vices, qui rendent la volonté imparfaite, mais ne la détruisent pas entièrement, sont, d'après l'art. 1109 : l'*erreur*, la *violence*, le *dol* et la *lésion*.

§ 1er *De l'erreur.*

Quand l'erreur porte sur la nature du contrat (je crois recevoir à titre de donation le cheval que vous offrez de me vendre), ou bien sur l'identité de l'objet du contrat, elle empêche l'accord des volontés ; non-seulement la convention n'est pas valable, mais elle ne s'est jamais formée ; il y a manque absolu de consentement.

Quand, au contraire, les parties étant d'accord sur ces deux choses, l'erreur porte sur la qualité de l'objet ou sur la personne avec laquelle on a contracté, elle n'empêche pas l'existence de la convention ; mais la partie trompée peut faire annuler le contrat dans les deux cas suivants :

1º L'erreur est tombée sur la substance même de la chose, c'est-à-dire sur la qualité principale que les parties ont eue en vue en contractant. — L'erreur sur les qualités non substantielles ne vicie pas le contrat ; ces qualités n'y entrent qu'accessoirement.

2º Quand il y a eu erreur sur la personne avec laquelle on avait eu intention de contracter, si la considération de cette personne était la cause principale et déterminante de la convention.

§ 2. — De la violence.

Nous avons dit que le consentement devait être la manifestation *libre* et *éclairée* de la volonté des parties ; or la violence est en opposition directe avec ces deux qualités essentielles, puisqu'elle détruit la *liberté* et qu'elle empêche la *réflexion* en inspirant la crainte ; la loi a donc eu raison en plaçant la violence parmi les vices du consentement.

Mais pour qu'elle soit une cause de nullité du contrat, il faut que la violence soit de nature à faire impression sur une personne raisonnable, en lui inspirant la crainte d'exposer sa personne ou sa fortune à un mal considérable et présent. Cette règle serait injuste, si elle existait d'une manière absolue ; aussi la loi veut-elle que les juges l'interprètent en ayant égard à l'âge, au sexe et à la condition des personnes.

Il n'est pas nécessaire que la violence ait été exercée sur la personne même du contractant. L'art. 1113 assimile à la violence soufferte par la partie celle qui l'a été par son conjoint, ses ascendants ou descendants. Cet article est-il limitatif ? — Oui ; mais en dehors des personnes ci-dessus dénommées, les juges apprécieront en fait quelle est la somme d'affection que porte le contractant à la partie violentée.

La seule crainte révérentielle d'un enfant envers ses ascendants ne peut être invoquée comme cause de nullité.

Peu importe que la violence ait été exercée par celui qui s'est fait promettre ou par un tiers (art. 1111). Cependant il est des circonstances où, bien que l'on ait agi sous l'empire de la violence, d'une crainte grave, l'engagement n'en sera pas moins valable; c'est ce qui arrive lorsque l'on a donné ou promis quelque chose à quelqu'un pour être sauvé d'un péril imminent; on ne peut se faire restituer contre son obligation, qui a pourtant été contractée sous l'influence de la crainte. La promesse pourrait seulement être sujette à réduction, si ce qui arrive souvent, la grandeur du danger, le trouble qu'il jette dans l'esprit, avaient fait exagérer les offres. On devrait alors examiner la fortune de celui qui s'est obligé ainsi que la nature du danger auquel s'est exposée la personne envers qui l'on s'est engagé.

§ 3. — *Du Dol.*

On entend par dol toute ruse, toute machination ou manœuvre dont une personne se sert pour en tromper une autre. Le dol, pour devenir une cause de nullité du contrat, doit réunir les caractères déterminés par la loi; il faut : 1o *qu'il soit évident que sans lui la partie qui attaque le contrat n'eût point contracté.* Mais si le débiteur s'est simplement laissé tromper dans le cours de l'affaire, il n'y a pas dans le dol du créancier un motif suffisant pour faire annuler la convention; il n'y aurait lieu qu'à des dommages et intérêts. Toutefois, il ne faut pas confondre ce dol *incident*, dont parle Pothier, avec les affirmations par lesquelles un vendeur exalte la valeur de sa marchandise; ces vanteries habituelles ne trompent personne, l'acheteur les connaît d'avance, c'est à lui à ne pas se laisser sottement tromper (Duranton); 2o *qu'il ait été exercé par le créancier.* Si le dol a été pratiqué par un tiers et à l'insu de la partie qui en a profité, le contrat est valable. Il serait, en effet, contraire à l'équité d'annuler, au préjudice d'une des parties, un contrat par elle fait de bonne foi au profit d'une personne toujours au moins coupable d'imprudence. — La partie trompée n'aura donc qu'un recours en dommages et intérêts contre l'auteur du dol.

Au contraire, il suffit que la violence existe pour que le contrat soit annulable ; les mêmes raisons de décider ne se rencontrent pas dans le dol.

Le dol ne se présume pas ; c'est à celui qui s'en plaint à l'établir.

§ 4. — De la Lésion.

La lésion est le préjudice qu'éprouve l'une des parties dans un contrat à titre onéreux. — En principe, elle n'est point, si énorme qu'elle soit, une cause de rescision du contrat. La sûreté du commerce et la nécessité de prévenir une foule de procès ont forcé le législateur à ne l'admettre que dans certains cas et à l'égard de certaines personnes (1118).

Les contrats, résultant d'un consentement vicié par erreur, violence, dol ou lésion, ne sont pas *nuls*, mais *annulables* seulement. On peut les rendre valables, en suppléant par une ratification expresse ou tacite à ce qui a manqué, lors du contrat, à la perfection du consentement. La loi accorde dix ans pour faire annuler un engagement vicié pour les causes qui précèdent. Ce délai commence à courir du jour où la violence a cessé ; où l'erreur, le dol, la lésion ont été découverts. Après ce laps de temps, le débiteur est censé avoir ratifié la convention et n'est plus recevable à l'attaquer.

SECTION II.

De la capacité des parties contractantes.

Toute personne est capable de contracter ; il n'y a d'incapables que ceux qui sont, par exception, déclarés tels par la loi.

Ce sont, aux termes de l'art. 1124 : Les mineurs (émancipés ou non), les interdits (et ceux pourvus d'un conseil judiciaire), les femmes mariées, dans les cas déterminés par la loi, et généralement tous ceux à qui la loi interdit certains contrats (art. 450, 472, 1595.)

Les actes faits par les femmes mariées, les interdits et les mineurs, peuvent être attaqués par ces personnes dans tous les cas où la loi les y autorise, c'est-à-dire, par les femmes mariées, toutes les fois qu'elles ont contracté sans l'autorisation du mari, quand cette autorisation était exigée ; par les interdits, toutes les fois que ces actes ont été faits pendant la durée de l'interdiction ; par les mineurs, toutes les fois qu'ils ont été lésés.

L'exercice de cette action en nullité est limitée à un délai de dix ans, qui commenceront à courir du moment de la cessation de l'incapacité.

Cette incapacité a été établie exclusivement en faveur des femmes mariées, mineurs et interdits ; eux seuls sont donc recevables à l'invoquer. Les parties capables qui ont contracté avec eux ne pourraient s'en prévaloir pour faire annuler le contrat.

Section III.

De l'objet et de la matière des contrats.

Tout contrat a pour objet une chose qu'une partie s'oblige à donner, ou qu'une partie s'oblige à faire ou à ne pas faire. Sans un but, sans un objet quelconque, il n'y a point de convention.

Toutes les choses qui sont dans le commerce, c'est-à-dire toutes celles qui sont susceptibles de devenir l'objet d'un droit privé, quel qu'il soit, les choses futures aussi-bien que les choses actuellement existantes, peuvent être l'objet des conventions (1128, 1130.) Le simple usage ou la simple possession d'une chose peut être, comme la chose même, l'objet du contrat (1127.)

La loi a cependant admis une exception pour les successions futures ; elle annulle toutes conventions faites à ce sujet comme dangereuses et immorales *(votum mortis)*. L'art. 1130 les annulle alors même que celui de la succession duquel on dispose a donné son consentement au traité ; cette disposition a pour but d'abroger la loi Romaine qui les déclarait valables dans ce cas.

La faveur due au contrat de mariage a fait tolérer ces sortes de conventions dans les hypothèses prévues par les art. 761 , 918 , 1082.

Pour que le contrat puisse être exécuté, il faut que la chose soit nettement déterminée ; et cela , pour connaître à quoi les parties se sont obligées et à quoi elles peuvent être équitablement condamnées en cas d'inexécution de l'obligation. Il faut, de plus , que l'objet soit : 1o *possible* (c'est-à-dire que le créancier stipulant ait pu légitimement compter sur son exécution) ; 2o *utile* au créancier (l'intérêt est la mesure de nos actions) ; 3o *non contraire aux lois et aux bonnes mœurs*.

SECTION IV.

De la cause.

La cause de l'obligation est le but immédiat qu'on se propose d'atteindre en s'obligeant , ce pourquoi on s'est obligé.

Dans les contrats de bienfaisance , la cause de l'obligation est le bienêtre que le débiteur veut procurer au donataire ; dans les contrats synallagmatiques , chacune des obligations sert de cause à l'autre.

La cause comme l'objet , doit être possible , licite , morale , etc. , etc.

L'obligation sans cause ou sur une fausse cause , ne produit aucun effet ; elle n'est pas seulement annulable ; elle est nulle.

Bien que la cause ne soit pas exprimée , le contrat n'en est pas moins valable ; il est présumé , jusqu'à preuve contraire , en avoir une régulière.

CHAPITRE II.

De l'Effet des Obligations.

Les conventions légalement formées, c'est-à-dire, conformément aux règles que nous venons d'exposer, ont pour effet d'obliger les parties à l'exécution de tout ce qu'elles renferment. Elles leur tiennent lieu de loi (1183). Si les deux parties se sont réciproquement engagées, le même accord de volontés qui fut nécessaire pour former la convention, le sera pour la dissoudre. Par exception, la loi autorise dans quelques cas spéciaux et déterminés, la révocation de contrats synallagmatiques par la volonté d'une seule des parties (1133, 1184, 1654).

« Les conventions doivent être exécutées de bonne foi. » Cette disposition a pour but de proscrire la distinction Romaine des contrats de droit strict et des contrats de bonne foi. Ainsi « les conventions obligent non-seulement à ce qui y est exprimé, mais encore à toutes les suites que l'équité, l'usage ou la loi donnent à l'obligation, d'après sa nature. »

L'effet de l'obligation se réduit à donner, à faire ou à ne pas faire quelque chose.

§ 1er. — *Obligation de donner.*

L'obligation de donner emporte l'obligation de livrer la chose et de la conserver, à peine de dommages et intérêts.

Mais quels soins le débiteur doit-il à la conservation de la chose qu'il est tenu de délivrer ? Quelles fautes engagent sa responsabilité ? Les anciens et notamment Pothier distinguaient, à cet égard, trois espèces de fautes : faute *lourde*, *légère* et *très-légère*, suivant que le contrat était fait dans l'intérêt exclusif du créancier , dans l'intérêt exclusif du débiteur , ou bien dans l'intérêt réciproque du créancier et du débiteur. Le Code n'a pas admis cette division tripartite des fautes ; il a posé une règle générale : soit que la convention ait pour objet l'utilité de l'une des parties , soit qu'elle ait pour objet l'utilité commune , le débiteur doit à la conservation de la chose les *soins d'un bon père de famille.*

La seconde disposition de l'art. 1137 apporte un tempérament à cette règle. Elle permet aux juges , dans certains cas spécialement déterminés, de donner plus ou moins d'étendue à cette obligation.

L'obligation de donner emporte, avons-nous dit , celle de livrer la chose , c'est-à-dire d'en transférer la propriété.

Nous devons donc examiner comment la propriété se transfère : 1º entre parties contractantes ; 2º à l'égard des tiers.

1º *Entre parties contractantes* , l'obligation de livrer la chose est parfaite par le seul consentement des parties ; le créancier devient propriétaire , encore que la tradition n'en ait pas été faite. C'est là un droit nouveau introduit par le Code. L'obligation de donner ne produit plus simplement un droit de *créance* comme dans le droit Romain et dans notre ancien Droit , mais un véritable droit de *propriété.* La tradition n'a maintenant d'autre objet que de fournir à l'acquéreur le moyen de se servir de la chose , de l'employer à l'usage auquel il la destine , d'en disposer.

2º *A l'égard des tiers* , la propriété n'est acquise que par la transcription du titre d'acquisition sur un registre existant à cet effet au bureau de conservation des hypothèques (loi du 23 janvier 1855); mais cette loi ne s'applique qu'à la propriété immobilière ou à ses démembrements.

S'il s'agit , au contraire , d'une chose purement mobilière que l'on s'est obligé de donner successivement à deux personnes , le créancier dont le titre est postérieur, en demeurera propriétaire, pourvu qu'il ait été mis en possession et qu'il soit de bonne foi. Mais dans ce cas, c'est moins le débiteur que la loi elle-même qui , de son plein pouvoir , transfère la propriété.

Question des risques. — (*Res perit domino.*) — Comme l'acheteur est devenu propriétaire au moment où le consentement réciproque a été donné, il s'ensuit que la chose périt pour son compte, bien qu'elle soit encore dans les mains du débiteur. Les améliorations ou les détériorations survenues par le fait du hasard, sont à l'avantage ou au détriment du créancier.

Mais, constitué par la loi gardien de la chose, le débiteur s'il la représente détériorée, ou s'il ne peut la représenter parce qu'elle a été détruite, est présumé en faute et passible envers le créancier de dommages et intérêts.

Pour obtenir sa libération, il faut donc qu'il prouve qu'il a apporté à la conservation de la chose les soins par lui dus et qu'elle a péri sans sa faute, par suite de faits dont il n'était pas responsable, par cas fortuit ou force majeure.

Le débiteur peut être, par exception, responsable du cas fortuit et de la force majeure. C'est ce qui aura lieu : 1o quand il aura été expressément soumis à cette responsabilité par convention ; 2o quand il aura été mis par le créancier en demeure d'exécuter son obligation ; le cas fortuit est alors présumé être la suite de son retard, et cette présomption ne cessera, que s'il prouve que le cas fortuit eût également détruit la chose entre les mains du créancier.

§ 2. — Obligation de faire ou de ne pas faire.

Il est certains actes que nulle force ne saurait nous contraindre d'accomplir malgré nous. Par exemple, si un peintre célèbre refuse de faire le tableau que je lui ai acheté, il est évident que l'exécution forcée de l'obligation est impossible ; pour prévenir le préjudice qu'il me cause, je n'ai qu'une ressource, la voie des dommages et intérêts.

Aux termes de l'art. 1142, « toute obligation de faire ou de ne pas faire se résout en dommages et intérêts. » De là il suit que le créancier ne peut jamais obtenir le bénéfice effectif de l'obligation ; qu'il doit dans

3

tous les cas recevoir une somme d'argent au lieu et place du bénéfice promis.

Il n'en est cependant pas ainsi ; de l'art. 1144 combiné avec l'art. 1142, il résulte que l'obligation de faire se résout seulement en dommages et intérêts : 1o lorsqu'elle est de telle nature qu'elle ne peut être accomplie utilement que par le débiteur lui-même ; 2o lorsque le créancier, en supposant que l'exécution effective de l'obligation soit possible , préfère demander des dommages et intérêts.

Si, l'obligation étant de ne pas faire , le débiteur y a contrevenu en accomplissant la chose défendue , le créancier peut en demander la destruction , et au besoin se faire autoriser à la détruire aux dépens du contrevenant.

Il peut , en outre, cumulant ces deux moyens, obtenir et l'exécution réelle de l'obligation, ou bien la destruction des ouvrages faits en contravention et de plus des dommages et intérêts , en compensation du préjudice qu'il a éprouvé par l'inaccomplissement du contrat.

L'obligation de faire ou de ne pas faire passe aux héritiers du débiteur, à moins qu'il ne soit démontré par la nature des choses , que l'obligation était purement personnelle au promettant.

§ 3. — *Des dommages et intérêts.*

Tout fait quelconque de l'homme, qui cause à autrui un préjudice , oblige celui par la faute duquel il est arrivé à le réparer. (1382) Toutes les fois donc que l'un des contractants a par sa faute manqué à la loi de la convention, il doit indemniser l'autre partie du préjudice qui a pu en résulter pour elle. Cette indemnité est ce qu'on appelle *dommages et intérêts*.

Le débiteur peut y être condamné : 1o quand il a manqué d'exécuter son obligation ou qu'il ne l'a exécutée qu'en partie; — 2o quand il l'a exécutée, mais tardivement (l'exécution tardive n'est qu'une exécution partielle.)

Mais, pour que le débiteur qui a manqué d'exécuter son obligation soit condamné à des dommages et intérêts, il faut :

1° Que l'inexécution soit dommageable, qu'elle ait porté préjudice au créancier ;

2° Que ce préjudice provienne de faits imputables au débiteur. C'est à lui à prouve, pour obtenir sa décharge, que l'inexécution a eu lieu sans sa faute, qu'elle a été le résultat de cas fortuits ou de force majeure ; jusqu'à cette preuve, il est présumé en faute et passible de dommages et intérêts ;

3° Que l'inexécution soit contraire à l'intention du créancier. Ce dernier est censé n'éprouver aucun préjudice, tant qu'il n'a pas mis le débiteur en demeure d'exécuter son obligation.

Le débiteur est constitué en demeure. — Par sommation ou par autre acte équivalent (commandement, saisie). — Par l'effet de la convention, lorsqu'elle porte que, sans qu'il soit besoin d'aucun acte, le débiteur sera en demeure par la seule échéance du terme. — Par la seule inexécution de la convention, lorsqu'elle ne peut être utilement exécutée pour le créancier que dans un certain temps que le débiteur a laissé passer.

Les dommages et intérêts ont pour but d'indemniser le créancier du préjudice que lui a causé l'inexécution de l'obligation. — Pour atteindre ce but, ils doivent être l'équivalent de la *perte* éprouvée et *du gain* dont le créancier a été privé par suite de l'inexécution de l'obligation.

En appliquant cette règle, la loi fait une distinction ;

Est-ce par sa faute seulement (c'est-à-dire sans être coupable d'aucun dol) que le débiteur n'a pas accompli son engagement, il n'est tenu que des dommages qui ont été prévus ou qu'on pouvait prévoir lors du contrat.

Y a-t-il dol de sa part, il devra indemniser le créancier de tout le préjudice qu'il lui a causé, quelqu'imprévu qu'ait pu être d'ailleurs ce préjudice lors du contrat.

Mais qu'il y ait dol ou non, les dommages et intérêts ne devront jamais comprendre que ce qui est une suite *directe* et *immédiate* de l'inexécution de la convention ; autrement, il n'y aurait pas de limites à l'obligation du débiteur.

Pour éviter des contestations sur le réglement des dommages et intérêts, les parties peuvent convenir dans le contrat, que celui qui manquera à son obligation paiera à l'autre une certaine somme à titre d'indemnité. — Dans ce cas, les juges ne pourront allouer ni une somme plus forte, ni une somme moindre, sous aucun prétexte.

Cette clause pénale pourrait, cependant, être modifiée si l'obligation avait été exécutée en partie d'une manière utile au créancier.

Quand les obligations se bornent au paiement d'une somme d'argent, la loi détermine elle-même, d'une manière invariable, le *quantum* des dommages et intérêts. — Elle n'a pas égard au préjudice réellement éprouvé par le créancier ; elle ne lui accorde jamais que l'intérêt légal de la somme due. (Il n'y a d'exception que pour certains contrats, tels que le cautionnement, la société, la lettre de change, etc...)

Cet intérêt légal est dû sans que le créancier soit tenu de justifier d'aucune perte.

Il n'est dû que quand le débiteur a été mis en demeure *par une demande* en *justice* ; — excepté dans les cas où la loi le fait courir de plein droit ou par simple sommation. — Les parties peuvent aussi convenir dans le contrat que l'intérêt courra sans demande, par la seule échéance du terme.

L'anatocisme (production d'intérêt par des intérêts) était prohibé dans l'ancien Droit. — Le Code l'autorise dans certaines limites, sous certaines restrictions. — Cette capitalisation résultant d'une demande en justice ou de la convention, ne peut avoir lieu que sous deux conditions, il faut : 1o que les intérêts que l'on veut capitaliser soient échus, actuellement dus ; 2o qu'il soient dus pour un an ; sans cela, en effet, on arriverait à faire payer au débiteur un intérêt supérieur à l'intérêt légal, résultat proscrit comme usure par la loi du 3 septembre 1807.

Néanmoins, les revenus échus, tels que fermages, loyers, arrérages de rentes perpétuelles et viagères, ou les restitutions de fruits et d'intérêts payés par un tiers en acquit du débiteur, produisent intérêt du jour de la demande ou de la convention. Il suffit qu'ils soient échus ; on n'a pas besoin d'attendre que ce soit pour une année entière ; la loi n'a plus à redouter l'usure comme dans le cas précédent.

§ 4. — *Interprétation des Conventions.*

On doit rechercher quelle a été la commune intention des parties , plutôt que de s'arrêter au sens littéral des termes; les obligations conventionnelles n'ont, en effet, d'autre but que la volonté des parties contractantes.

Les parties devant toujours être présumées avoir voulu faire un acte sérieux , il s'ensuit que si une clause est susceptible de deux sens, on doit plutôt l'entendre dans celui avec lequel elle peut avoir quelque effet , que dans le sens avec lequel elle n'en produirait aucun.

Ce qui est ambigu s'interprète par ce qui est d'usage dans le pays où le contrat est passé. On supplée les clauses d'usage, quoiqu'elles n'y soient pas exprimées.

Le créancier , ayant dicté les conditions dans le contrat , doit subir les conséquences de la faute qu'il a commise en ne s'exprimant pas en termes précis ; aussi la loi interprète les clauses douteuses plutôt en faveur du débiteur qu'en faveur du créancier (Art. 1162).

§ 5. *Effet des Conventions à l'égard des Tiers.*

En règle générale , nul ne peut , par ses conventions, obliger autrui sans son aveu. Réciproquement , nous ne pouvons non plus acquérir des droits par les conventions qu'un autre a formées à son profit. De là le principe que les conventions n'ont d'effet qu'entre les parties contractantes.

Mais dans le mandat et la gestion d'affaires , les personnes , dans l'intérêt desquelles la convention a eu lieu, sont considérées comme parties, contractantes ; la convention produit effet à leur égard comme si elles y étaient personnellement intervennes.

Ainsi, on peut seulement stipuler pour autrui soit comme mandataire, soit comme gérant d'affaires. La convention par laquelle on permettrait le fait d'un tiers, serait cependant valable, si l'on se portait fort de l'exécution de ce fait. On n'engage alors, à proprement parler, que son fait personnel, en promettant une indemnité dans le cas où le tiers refuserait de ratifier l'engagement pris en son nom. On peut pareillement stipuler au profit d'un tiers, si l'on a intérêt à l'accomplissement de l'obligation ; ce qui aurait lieu, si la stipulation pour autrui était la condition d'une stipulation pour soi-même, ou d'une donation que l'on fait à un autre. Dans ce dernier cas, lorsque le tiers a déclaré vouloir profiter de l'avantage qui lui est fait, cette donation est irrévocable.

Le créancier a, dans ces hypothèses, des moyens de coërcition qu'il n'aurait pas, s'il n'avait nul intérêt.

De plus (Art. 1122), on est censé avoir stipulé pour soi-même et pour ses héritiers et ayant-cause, à moins que le contraire ne soit exprimé ou ne résulte de la nature de la convention.

Les ayant-cause sont à titre universel ou à titre particulier ; les uns sont à notre lieu et place quant à l'universalité ou une quote-part de l'universalité de nos droits ; les autres relativement à tel ou tel droit particulier.

Quant aux ayant-cause particuliers (acheteurs, donataires, coéchangistes), ils peuvent invoquer et l'on peut invoquer contre eux les conventions par lesquelles leur auteur avait, avant la vente, la donation ou l'échange, étendu ou amoindri le droit qu'ils tiennent de lui. Mais les conventions de leur auteur, postérieures à la constitution de leur droit, ne peuvent ni leur nuire, ni leur profiter.

A l'égard des ayant-cause à titre universel, il est clair que les actes de leur auteur peuvent être invoqués par eux et contr'eux, puisqu'ils ne font que continuer sa personne.

Il nous reste maintenant à examiner l'effet des conventions à l'égard des créanciers.

1º Ceux-ci peuvent exercer tous les droits et actions de leur débiteur, à l'exception de ceux qui sont exclusivement attachés à la personne. Les créanciers agissent au nom et du chef de leur débiteur de la même manière qu'un mandataire agit au nom et pour le compte de son mandant.

2º Ils peuvent attaquer tous les actes faits par le débiteur en fraude de leurs droits. C'est l'action Paulienne des Romains.

Pour que le débiteur soit présumé avoir agi en fraude, il faut : 1º que, par son acte, il ait causé aux créanciers un préjudice réel en augmentant son insolvabilité ; 2º qu'il ait été de mauvaise foi en le faisant.

Toutefois, nous distinguerons le cas où l'acte attaqué est un acte à titre onéreux, de celui où il a été fait à titre gratuit. Dans la 1re hypothèse, la mauvaise foi du débiteur qui a vendu ne suffit pas ; il faut que l'acquéreur ait participé à la fraude. Si ce dernier a été de bonne foi, l'intérêt est le même pour lui et pour les créanciers ; il s'agit de part et d'autre d'éviter un dommage; c'est le cas d'appliquer la maxime : *in eâdem causâ, melior est causa possidentis* et de déclarer l'acte valable. Au concontraire, lorsque l'acte a été fait à titre gratuit par le débiteur, la position du créancier, qui lutte pour ne point perdre, est assurément préférable à celle du donataire, qui ne court jamais que la chance de ne pas s'enrichir ; la fraude du débiteur seul suffirait donc pour faire annuler la donation, bien que le donataire fût de bonne foi.

La fraude ne se présume pas; c'est aux créanciers à prouver son existence.

QUESTIONS.

L a prescription de l'action en rescision court-elle contre les mineurs? — Oui.

Le Code a-t-il admis l'ancienne division tripartite des fautes? — Non.

Peut-on d'avance convenir que les intérêts dus pour une année porteront intérêt à partir de leur échéance? — Non.

La convention qui fixerait, pour le cas de non-paiement d'une somme d'argent, une peine supérieure à l'intérêt légal, doit-elle être *toujours* annulée comme usuraire? — Non.

Procédure Civile.

Des matières sommaires.

On appelle particulièrement matières sommaires, les affaires autres que les *causes commerciales* qui exigent une instruction simple et rapide, soit, comme à l'égard de ces dernières, parce que les parties éprouveraient préjudice des délais et des lenteurs de la procédure ordinaire, soit parce que la contestation ne présente qu'un intérêt peu considérable, dont la valeur pourrait être absorbée par les frais, soit enfin parce qu'elle est d'autant plus simple et plus facile à juger qu'il ne s'élève aucun débat sur le titre (M. Chauveau sur Carré.)

Quelles sont les causes qui doivent être instruites sommairement? — En quoi d'ailleurs l'instruction prescrite pour ces matières diffère-t-elle de l'instruction ordinaire? — Telles sont les questions que nous allons examiner.

Quelles matières sont sommaires ?

L'ordonnance de 1667, art. 3, 4, 5, faisait une longue énumération

4

de ces matières ; mais cette voie avait des dangers. Le Code est plus concis ; il procède par règles générales , par catégories embrassant un nombre fort étendu d'affaires.

Seront réputés matières sommaires et instruits comme tels :

1° *Les appels des juges de paix.* — La compétence des juges de paix ne s'exerce que sur des causes d'une facile décision, à raison de leur simplicité, et presque toujours d'une faible importance à raison de leur valeur. Portées en appel , elles ne changent pas de nature.

2o *Les demandes pures personnelles , à quelque somme qu'elles puissent monter, quand il y a titre , pourvu qu'il ne soit pas contesté.* — Dès que le titre est contesté , l'affaire cesse d'être sommaire ; peu importe que l'acte soit attaqué comme nul dans la forme, ou comme faux, ou comme infecté d'une nullité intrinsèque , telle que le dol , la violence, l'erreur ; dans tous ces cas le motif qui porte à déclarer sommaire la matière , disparaît et s'évanouit. *Quid* si le défendeur, tout en reconnaissant la validité du titre, allègue qu'il y a eu paiement , remise, prescription , compensation ? — La cour de cassation veut que la matière soit jugée sommairement (30 janvier 1827.)

3o *Les demandes formées sans titre , lorsqu'elles n'excèdent pas 1,500 fr.* (Loi du 11 avril 1838). — L'art. 404 disait 1,000 fr. — On n'a pas voulu absorber en frais la presque totalité de la matière du litige. La loi n'examine ni la nature de la demande , ni l'existence, ni la contestation du titre , elle ne prend en considération que le chiffre auquel s'élèvent les prétentions du demandeur.

4° *Les demandes provisoires ou qui requièrent célérité.* — On doit ranger dans cette classe les sept derniers paragraphes de l'art. 135. D'ailleurs les juges ont, à ce sujet, un pouvoir discrétionnaire ; c'est à eux qu'il appartient d'apprécier si l'affaire requiert ou non célérité.

5° *Les demandes en paiement de loyers et fermages et arrérages de rentes.* — Ces demandes sont dispensées du préliminaire de la conciliation (art. 49, ? 5) ; elles requièrent célérité ; à toute rigueur, on aurait pu ne pas les ranger formellement dans la classe des matières sommaires.

6o *Les actions réelles ou mixtes de nature à être jugées en dernier res-*

sort. — C'est l'art. 1er de la loi du 11 avril 1838 qui a établi cette dernière catégorie ; auparavant les actions réelles ou mixtes ne pouvaient jamais être rangées dans la classe des matières sommaires.

Différences entre l'instruction des matières sommaires et les matières ordinaires.

1o « Les matières sommaires seront jugées à l'audience, après les délais de la citation échus, sur un simple acte, sans autres procédures ni formalités. » (405) Ainsi les parties ne peuvent exposer les faits et les moyens par écrit comme dans les matières ordinaires.

2o. Les requêtes en intervention dans les affaires ordinaires peuvent être grossoyées. Mais ici la loi veut (art. 406) que la partie qui forme une demande incidente ou une intervention se borne à en énoncer l'objet et les motifs, sans entrer dans le développement des moyens qu'elle entend proposer pour la justifier. On ne pourra répondre à ces conclusions motivées ; mais la réponse n'est interdite qu'en ce sens qu'elle ne passe point en taxe et qu'elle ne peut retarder la procédure. (Art. 67 du tarif.)

3o L'enquête sommaire diffère à plusieurs égards de l'enquête ordinaire. Le jugement qui ordonne l'enquête sommaire contient les faits sans qu'il soit besoin de les articule rpréalablement (ce qui est nécessaire en matière ordinaire), et fixe les jours et heure où les témoins seront entendus à l'audience. La première se fait donc publiquement devant le tribunal, tandis que la deuxième est renvoyée devant un juge commissaire, qui seul entend les témoins hors de l'audience.

Les art. 410 et 411 établissent une distinction assez importante, suivant que l'affaire, à propos de laquelle on procède à l'enquête, est ou non susceptible d'appel.

S'agit-il d'un jugement pour lequel il n'y aura pas d'appel, il ne sera pas dressé procès-verbal par le greffier. Le jugement fera mention seulement des noms des témoins et du résultat de leurs dépositions, c'est-à-dire du résultat en masse, de l'ensemble des dépositions et non pas du résultat détaillé, isolé de chacune d'elles séparément. (Boitard.)

S'agit-il, au contraire, d'un jugement sujet à l'appel : alors pour éviter de recommencer, devant le juge d'appel, une enquête que le tribunal de première instance aurait déjà entendue, on exige un véritable procès-verbal de l'enquête faite à l'audience. L'absence de ce procès-verbal emporterait nullité. Il contiendra les serments des témoins, leurs déclarations s'ils sont parents, alliés, serviteurs ou domestiques des parties, les reproches qui auraient été formulés contre eux et le résultat de leurs dépositions. Dans ce cas, *résultat de leurs dépositions* veut dire indication spéciale des faits déposés par chaque témoin ; s'il n'en était pas ainsi, un pareil procès-verbal n'éclaircrait en rien la cour d'appel.

Si les témoins sont éloignés ou empêchés, le tribunal pourra commettre le tribunal ou le juge de paix de leur résidence ; dans ce cas l'enquête doit être rédigée par écrit ; il en sera dressé procès-verbal.

L'art. 413 ne fait que confirmer pour les enquêtes faites en matière sommaire un certain nombre de règles tracées en matière ordinaire.

4° Les affaires sommaires peuvent être jugées par les chambres des vacations. (Art. 24 du décret du 30 mars 1808.)

5° Enfin différence très importante relativement aux avoués. Dans les matières ordinaires, ils ont un droit particulier pour chaque acte qu'ils ont à faire dans le procès. Dans les matières sommaires, on ne leur accorde pour tous les actes qu'ils font qu'une somme déterminée, dont le chiffre varie suivant l'importance de la demande ; en sus de cette somme, on ne leur passe en taxe que les simples déboursés, en supposant encore que l'acte fût indispensable.

A part ces différences, nous appliquerons aux matières sommaires les mêmes règles qu'aux affaires ordinaires (ajournement, constitution d'avoué, avenir, plaidoiries, publicité d'audience, etc., etc.) *Quid* de la conciliation ? — Elles y seront soumises, si elles n'en ont pas été déjà dispensées par la loi.

QUESTIONS.

Une cause sommaire dans son principe peut-elle devenir ordinaire dans la suite? — Oui.

Les matières sommaires sont-elles dispensées du préliminaire de la conciliation? — Distinction.

Faut-il signifier le jugement qui ordonne l'enquête en matière sommaire? — La signification est inutile lorsque le jugement est contradictoire ; mais indispensable lorsqu'il est par défaut. (Pigeau, tom. 1, p. 702.)

Droit Criminel.

Des peines prescriptibles et de celles qui sont imprescriptibles.

§ 1er. — *Légitimité de la prescription.*

La prescription est un moyen de se libérer des conséquences d'une *infraction* ou d'une *condamnation*, par l'effet du temps et sous les conditions déterminées par la loi.

La prescription en matière criminelle est de deux sortes : l'une est extinctive de l'action qui naît de l'infraction, l'autre s'applique à la peine infligée par une condamnation.

Les auteurs ont souvent discuté sa légitimité. Bentham a dit : « Il » serait odieux, il serait funeste, de souffrir qu'après un certain temps » la scélératesse pût triompher de l'innocence. Point de traité avec les » méchants de ce caractère. Que le glaive vengeur reste toujours sus- » pendu sur leur tête ! Le spectacle d'un criminel jouissant en paix du » fruit de son crime, protégé par les lois qu'il a violées, est un appât » pour les malfaiteurs, un objet de douleur pour les gens de bien, » une insulte à la justice et à la morale. »

Nous la trouvons cependant admise chez tous les peuples avec des conditions de temps plus ou moins longues, vingt ans chez les Romains (L. 12 Cod. *ad legem Corneliam de Falsis*), trente ans dans notre ancien Droit; vingt ans dans les Codes du 17 septembre 1791 et du 3 brumaire an IV. Le Code actuel l'admet aussi; seulement, au lieu de la restreindre anx crimes comme autrefois, il l'a étendue à toute infraction. (Le temps varie selon la gravité du fait commis.)

La prescription de la peine est fondée sur plusieurs considérations :

1º Le principal caractère de la peine est d'être exemplaire, c'est-à-dire d'éloigner du mal et de porter au bien la généralité des citoyens par la terreur qu'inspire le châtiment d'un coupable ; or, on ne peut espérer que la peine produise cet effet, quand le délit et la condamnation sont depuis longtemps tombés dans l'oubli.

2º Dans les matières criminelles proprement dites , où la prescription ne s'opère que par vingt années , on éprouvera une grande difficulté pour constater d'une manière indubitable l'identité du condamné.

3º Les angoisses du condamné , l'impossibilité de reparaître dans la société, la nécessité de s'expatrier, constituent une véritable expiation. « Peut-on en effet imaginer , disait M. Réal dans l'exposé des motifs , » un supplice plus affreux que cette incertitude cruelle, qui ravit au » criminel la sécurité de chaque jour, le repos de chaque nuit ! Le glaive » de la loi suspendu pendant vingt ans sur la tête du coupable! Légis- » lateurs, ce supplice, plus cruel que la mort, n'a-t-il pas assez vengé le » crime et légitimé la prescription ? »

Quant au motif qui a fait admettre la prescription de l'action , c'est le dépérissement des preuves des crimes ou des faits justificatifs. Après un long temps, les souvenirs des témoins s'effacent ; ces témoins eux-mêmes viennent à disparaître ; de sorte que la défense peut devenir, suivant les cas, trop facile ou trop difficile.

§ 2. — *Peines prescriptibles.*

Les peines prescriptibles sont celles pour l'exécution desquelles il faut un acte extérieur. — Par exemple , celles qui atteignent le condamné dans sa personne physique , — toutes celles portées dans l'art. 7 du Code pénal. Elles nécessitent , en effet , un acte extérieur pour être exécutées. Il faut trancher la tête au condamné à mort ; — transporter dans le lieu où ils doivent subir leur peine ceux qui sont condamnés aux travaux forcés à perpétuité ou à temps , — à la déportation , — à la détention ou à la réclusion ; — et conduire le banni hors du territoire de l'empire.

Quant aux peines qui portent sur le patrimoine du condamné , il faut faire une distinction. — S'agit-il d'amendes , de confiscations ayant pour objet des choses qui sont dans le commerce , elles se prescriront par deux ans , — cinq ans ou vingt ans , suivant qu'il s'agira d'une contravention, — d'un débit, ou d'un crime. — Mais si la confiscation a pour but d'enlever à un individu la possession d'un objet dont la propriété est illicite , la prescription ne pourra courir ; car cet objet, possédé par le condamné ou par un tiers , reste sous la prohibition continuelle de la loi.

§ 3. — *Peines imprescriptibles.*

Les peines imprescriptibles sont celles qui frappent le condamné de plein droit, — sans qu'il soit besoin de fait extérieur pour les exécuter. — Telles sont les peines qui atteignent la capacité de celui qu'elles frappent , elles sont le résultat immédiat de la condamnation.

Il faut ranger dans cette classe :

1° La dégradation civique tant comme peine principale que comme peine accessoire ; les incapacités qu'elle contient sont encourues *pleno jure.* — Sous l'empire du Code Pénal du 25 septembre 1791 , il n'en était pas ainsi ; ce Code prescrivait des formes solennelles pour l'exécution de la dégradation civique ; — voici les dispositions de l'art. 31 : — « Le condamné sera mis au carcan au milieu de la place publique, » il y restera pendant deux heures exposé aux regards du peuple. Sur un

» écriteau seront tracés, en gros caractère, ses noms, son domicile, sa
» profession, le crime qu'il a commis et le jugement rendu contre lui. »

La dégradation civique est essentiellement perpétuelle, les juges n'ont
pas le droit d'en limiter la durée (Cour de cassation 31 mars 1842). Elle
ne peut cesser que par la réhabilitation.

2o L'interdiction légale qui frappe le condamné pendant la durée de la
peine dont elle est l'accessoire (art. 29). — Elle n'est pas perpétuelle
comme la dégradation civique; elle cesse, comme nous l'avons dit, avec
la peine principale, soit part suite du terme assigné à son exécution,
soit par l'intervention de la grâce.

3o Enfin les incapacités attachées à certaines peines correctionnelles;
interdiction à temps de certains droits civiques, civils ou de famille
(art. 42.)

Le renvoi sous la surveillance de la haute police constitue-t-il une
peine prescriptible ou une peine imprescriptible?

Sous l'empire du Code, c'était une peine imprescriptible (la Cour
suprême l'a déclarée ainsi dans un arrêt de 1834).— C'était, en effet, le
condamné qui fixait lui-même le lieu de sa résidence; le gouvernement
avait seulement le droit de déterminer certains lieux dans lesquels il
était interdit au condamné de paraître après avoir subi sa peine (art. 44
Inst. crim.) — Le gouvernement n'entrait pour rien dans l'exécution.

Mais depuis le décret des 8 et 12 décembre 1851, le renvoi sous la
surveillance de la haute police est devenu une peine prescriptible. L'art.
3 nous dit : « L'effet du renvoi sous la surveillance de la haute police,
sera, à l'avenir, de donner au gouvernement le droit de déterminer le
lieu dans lequel le condamné devra résider après qu'il aura subi sa peine.
— L'administration déterminera les formalités propres à constater la présence continue du condamné dans le lieu de sa résidence. » Il faut
donc maintenant un fait extérieur; il faut que le gouvernement mette la
main à l'œuvre pour que la peine puisse être exécutée. S'il ne fixe pas
le lieu où le condamné doit résider, la prescription commence. — Le
temps requis pour prescrire sera le même que celui exigé pour la peine
dont la surveillance de la haute police est l'accessoire : — Cinq ans pour

délit, vingt ans pour crime. On ne peut faire commencer la prescription que du jour de la sortie de prison, car le condamné est, pendant ce temps, sous une surveillance active, et d'ailleurs le gouvernement ne fixe le lieu de sa résidence, qu'au moment de la mise en liberté.

Le Code n'a pas reproduit l'imprescriptibilité que notre ancien Droit, et notamment l'ordonnance de 1669 déclarait pour certaines peines à raison de leur gravité. — Le crime du duel, celui de lèse-majesté étaient de ce nombre.

Le Droit romain n'admettait pas non plus la prescription en faveur des parricides (*lex Pomponia.*)

QUESTONS.

Peut-on renoncer à la prescription en matière criminelle ? — Non.

Doit-elle être suppléée d'office ? — Oui, en tout état de cause.

Quel est le point de départ de la prescription ?

La dénonciation suffit-elle pour suspendre la prescription ? — Non ; si elle n'est qu'un simple avertissement. — Oui ; si la plainte renferme une constitution de partie civile (Cour de cassation 29 mars 1856.)

Quelle est l'autorité qui fixe le lieu de la résidence du condamné à la surveillance de la haute police ? — C'est l'autorité administrative ; elle détermine aussi les formalités propres à constater la présence continue du condamné dans le lieu de cette résidence.

Cette Thèse sera soutenue, en séance publique, dans une des salles de la Faculté, le 2 Août 1858.

Vu par le Président de la Thèse,

CHAUVEAU-ADOLPHE.

Toulouse, Imprimerie Troyes Ouvriers Réunis rue Saint-Pantaléon, 3.